Dans la même collection

Les quatre amis
Comment Adam nomma les animaux
La Reine et le Roi
Petit Jésus
La lanterne de Diogène
L'île aux étoiles
Le chevalier parfait
Le conte des oiseaux
Ce fou de Don Quichotte
Qui a commencé ?
Le Héron
Noël dans le ciel
Achète-moi
La prière d'Hanna
La nuit de qui ?
Le danseur de vent
Le petit Mozart
Le secret de la fée
Le prince Orphée
Préhistorique
Les douze animaux des quatre vents

L'éditeur remercie vivement l'Association Chaplin de son aide et de son soutien.

Direction éditoriale Claude Helft
Maquette Mireille Cohedali
Fabrication Yves Raffner

76 *bis* rue des Saints-Pères 75007 Paris
www.descleedebrouwer.com
ISBN 2-220-05247-8
Loi n° 49956 du 16 juillet 1949
sur les publications destinées à la jeunesse
Imprimé en France par Le Govic
Dépôt légal janvier 2003

Michelle Humbert

Charlie Charlot

Illustré par Nathalie Novi

Desclée de Brouwer

Sur une scène de music-hall, en Angleterre, la chanteuse soudain s'arrête : elle ne se souvient plus des paroles ! Un petit garçon accourt des coulisses. Dans la lumière, il mime la chanson et imite la voix de la chanteuse. C'est sa maman !
Le public rit aux éclats et applaudit très fort.

Charlie Chaplin a cinq ans. Déjà il danse et fait mille acrobaties.

Mais son père a quitté la maison. Charlie, son grand frère Sydney et leur maman doivent se débrouiller pour manger et être à l'abri du froid.

Leur maman tombe malade.
Les enfants sont envoyés dans un orphelinat.
À seize ans, Sydney part comme clairon sur un navire-école.
Quand il revient, les deux garçons font tous les métiers. Un jour, Sydney est engagé au théâtre. Il fait vite venir son frère dans la troupe.
Et c'est le départ en tournée sur un grand bateau rempli d'émigrants.
Direction : l'Amérique !
Le cinéma vient d'être inventé. Il est encore muet et on tourne cinq films en une seule journée ! Charlie joue le rôle d'un malin, d'un filou, qui met tout sens dessus dessous, donne des coups, se moque de tout !

Le public adore les films où joue Charlie. Alors, il se souvient des rues de Londres, des sans-abri et il invente un personnage.

Il déniche un vieux pantalon, des godillots bien trop grands, une veste riquiqui, un chapeau melon trop petit. Il noircit ses sourcils. Il se fait une moustache en brosse.

Sa canne en bambou est très élégante mais elle lui sert à attraper une ribambelle de saucisses !
Il marche en canard mais il danse comme un prince.

Au début, il n'a pas d'autre nom que «le vagabond».

En France, on le baptise «Charlot». Charlie se souvient de sa vie d'enfant : Charlot sera débrouillard, comme lui. Dans l'un de ses premiers films, il se réveille dans un terrain vague. Pas loin, un petit chien a faim, lui aussi. Une meute féroce s'approche, Charlot prend vite le petit chien dans ses bras.

Ils deviennent inséparables. Ils se tiennent chaud quand ils dorment au pied de leur palissade. Charlot cache le chien dans son pantalon et l'emmène partout. Pour danser, par exemple, ce n'est pas facile ! Et quand ils n'ont plus rien, mais alors plus rien, le chien déterre un portefeuille bien garni !

De1914 en 1918, en Europe, c'est la guerre.
Au cinéma, Charlot se retrouve dans la boue des tranchées, au milieu des morts et des blessés.
Dans le brouillard, il doit se faufiler.
Des ennemis sortent de la forêt.
Charlot se déguise en arbre.
Quand on ne le voit pas, il bouge de quelques pas, comme s'il jouait à «un, deux, trois, soleil !» Il arrive comme ça tout près d'un soldat et boum ! l'assomme d'un coup de branche. Il réussit à faire des prisonniers. Il sauve un officier.
Charlot est un héros !
Mais non, il a rêvé. Il se réveille, simple soldat.

En Amérique et en Europe, il y a beaucoup de gens très pauvres. Charlie imagine que Charlot recueille un bébé car sa maman ne peut pas l'élever.

Quand le bébé devient un petit garçon, un «kid» en américain, ils trouvent ensemble une façon de gagner leur vie : l'enfant casse un carreau et se sauve. Charlot passe par là, change la vitre et se fait payer comme vitrier.
Oui, mais un policier repère la ruse, et là, il faut courir vite et inventer autre chose ! En attendant, Charlot lit le journal, l'enfant prépare des crêpes, met le couvert et ils se régalent.

Dans un nouveau film, Charlot arrive dans un cirque. Il tombe amoureux de l'écuyère. Mais elle préfère Rex, le beau danseur de corde.
Un jour, panique, Rex est absent ! Le directeur oblige Charlot à faire son numéro, à marcher très haut sur un fil. Charlot a peur. Mais il s'élance. Son pantalon tombe sur ses chevilles. Des petits singes arrivent et le mordillent ! La-haut, il risque sa vie, en bas, on croit qu'il danse. Il atterrit derrière le décor et salue au milieu des applaudissements. Mais là où il est, personne ne le voit !

Au clair de lune, Charlot console l'écuyère. Il lui ramène celui qu'elle aime. Sous une pluie de riz, elle épouse son danseur.
Charlot reste seul. Le cirque est parti. Au milieu d'un cercle, la trace de la piste, il regarde une étoile en papier déchirée…
Va-t-il pleurer ? Non, il se lève, donne un petit coup de pied en arrière, comme font les ânes. Et en route vers d'autres aventures !

Le cinéma est devenu parlant.
Et contre le malheur, la malchance, les méchants, Charlie réalise des films qui font toujours rire et pleurer le monde entier.